ABOIO

ALALÁ
ἀλαλά

Pedro Torreão

ALALÁZÔ

Pedro Torreão

ABOIO

EDIÇÃO
Leopoldo Cavalcante

ASSISTENTE EDITORIAL
Luísa Maria Machado Porto

PREPARAÇÃO
Arthur Lungov

CAPA
Marcvs

Àquelas que gritam comigo:
Luiza e Duda.

ALALÁZÔ   09
ORTODONTIA TARDIA   17
Cornucópia   18
Garganta/Muco   20
Colgate sensitive   22
Todo arsenal   24
Corredor   26
Regalo   28
Caseos   30
Papilas   32
Saliva   34
Meias-luas   36
Mop:Bop   38
Refeição   40
Som leporino   42
Antifonário   44
Métis   46
'letric eye   48
Catarata   50
Lácio   52
Repique   54

Cetosséia   56
Fellini   58
Açoite   60
Mordedura   62
Latitude   64
Grito gastro   66
Maré   68
Medo   70
Santa clara   72
Barítono dramático   74
Ídiche   76
Adeus   78
Lamento luso   80
Plano-sequência   82
Bonecos   84
Revolução industrial   86
Nódoa   88
Insisto   90
Devoção   92
Sutura   94
[É verdade o que estamos falando]   96

ALALÁZÔ

※

ἀλαλάζω
a.laˈlá.zo/
α·λα·λά·ζω

verbo
1. gritar, berrar
(especialmente com alegria)
2. ulular

Trompete ruidoso enquanto penso
muralhas, talvez, cindem
- como anterior antídoto -
que dissolve a milímetro
construções pela boca de quem
sopra e de quem expande em
metal acústica reinante
no bronze do corpo de quem passa
em frangalhos sob meus olhos.

Distancia lembrança de coro
infantil, presumo pelo gango gasguita
que desmembra verso em flashes
da audiência.

Enfim infância, diriam, enquanto engasgo
a vida em pequenos passos e seguro o corpo
no palato e vibro o vinho na úvula que
desce transmutando corpo em vida
degluto deus em minúscula esfera
som de ginásio ecoa e apavoro coreografia.

E enquanto vibro, penso no *marshmellow* sob as frutas
e sobre o *marshmellow* uvas
                    verdes.

Em casa ungido a ver uísques que passam
de boca em boca tal qual os dedos
ao aproximarem-se de meus dentes ainda disformes
e, ao fim, os ranjo pela noite em bruxismo
e ronco à jericó de todos os dias.

○

Evocam da cozinha o
paladar de antes que remonta
aqueço o corpo na madrugada, assim
inaugura minha fome.

Grito e cuspe saem da mesma boca
mesmo que digam guspe, em são paulo,
mas se o amor
em paulo se diz sem ruído, se diz silêncio
o grito é por dentro como engulo
guspe cuspe baba saliva catarro
sem som, só o que ouvimos dentro da
caveira, só eco sozinho dentro de mim
som de engolir, enfim, escuto e transbordo em
ondas no esôfago que sinto como repuxe de
onda e espuma, mas é ácido.

Grito volta em madrugada e baleia que engulo
jonas, seus armários e toalhas me sinto
templo sagrado em baleia e humano e terra seca
dentro de mim tudo volta em espuma e carrêgo e
encargo, missão e peso.

    Enfim, espirro.
      Dentro, pra fora
   humano, profeta e maldição
        exegese pelo êxodo.

○

Paulo fala do amor sempre como condição
sem o qual não.

o

Como saulo fui criança e
agi como criança sonhei como criança bebi como criança
mas adulto, desvejo em paulo os atos de criança
pseudográficos e canônicos como em
damasco
e enxergo pela miopia a vida de
criança entrôpa e busco, caído,
energia que me eleve do chão batido, da estrada em pau
[e pó
Relincho e o cavalo fala pela voz de quem o guia
como mesa branca como espírito que bate como
oniecosequus.
Sucumbo e levanto pureza.
Leveza e caravaggio.
Carrego o cavalo e ele me carrega na queda.

o

Afio língua e lambo a caneca como pedro retira a espada e bebo
como pedro desloca orelha e fumo como quem nega 3 vezes
[o vício presente.
O grito por dentro é o que nega em vergonha é o que esconde em frestas é o que se
crucifica em *upsidedown*,
pai, por que me abandonaste com a cabeça ao chão?
masoquismo e martírio da pedra que edifica e o

cimento moral calcifica.
Carrego pedras
              atiro.

○

Com os pés rotos
espalho hóstias no asfalto
esburacado
e preencho bocas
de lobo com gigantes moedas
da companhia elétrica.

○

As abóboras que secam em cima do suicida
anunciam tendas que escalam fora da cidade.
deus engole, cospe e seca uma vez em terra:
- melhor mar e entranhas
                        [diria o profeta sem profecia.

jonas caminha para o fim
                  [ao ver a salvação e
morre sem ver a morte que lhe sai pela boca
engolido em água, gomorra de entranhas
sodoma pessoal, cetáceo e casa.

○

Venerar o grito o urro e abrandar
cegueira e voz como morcegos
                              :
                                        radar
receber.

Suba aos montes, ovelhas
ovelhas aos montes e pastoreio
berro e solavancos.
Tecer a lã, ovelhas.
Pajeú de outro deserto
abraão, olha por tua família
ela grita, abraão.
O sino da garganta de isaque tine
metal.

ORTODONTIA TARDIA

tua gengiva igual a tua bocetinha que parecia sorrir entre as folhas de banana entre os cheiros de flor e bosta de porco aberta como uma boca do corpo (não como a tua boca de palavras) como uma entrada para
eu não sabia tu
não sabias
fazer girar a vida
com seu montão de estrelas e oceano
entrando-nos em ti

Poema sujo, Ferreira Gullar

Cornucópia

Grito na gruta
ecoa o
                                              som
e volta:
    em pedra
    musgo
    estalactites de verbo.

O que pende
do teto
penetra moleira
                                        pensamento
cornos no telhado.

Expande voz
repete vocábulo
sílabas em si

alado
susteniza   tom
solta
volta.

Sombra na gruta
não tem som.

Pela abertura
sol em pantomima:
formas com as
        mãos -
fantoches de fora
refração
:
as ondas gritam no mar
na galiléia
saint-tropez
ipojuca
não na luz.

A onda muda de comprimento
na luz ainda
                      muda.

Garganta/Muco

Úvula velha iridesce
e enrijece os sons
dos sisos perdidos
dos dentes de leite
                     que mordiscam tetas.

Chupo peitos adolescentes
grito glândulas negadas
atiço as que vieram de fábrica:
tireoide e testículos.

Percebo *érres* na minha boca
saídos
cada vez mais
do palato:
entre úvula e dentes
pressionado pela língua.

Vergalhão e varjota. Torta, vértice e cartela.

Assim giro lombar alheia
olhando vértebras e bacia
                     do cérvix seguro a cervical com mão
horizonte e pilastra
dos vocábulos que toco nos dedos.

Colgate sensitive

Me fale das cerdas na boca que sangra
da gengiva quente que sai e sangra   (também)
do rio que dói ao toque
da culpa
      da ortodontia tardia
      da minha mãe
      do meu pai
ocidente e medicina
dos dentes nunca escovados no sono
atenção à cárie ou
aos dentes molares incisivos caninos
osso que rói osso
dente, aparente osso
que rói

me fale do sino   (na boca)
dos dentes de leite que permanecem
dente morto amarelo-cinza.

colgate vermelho vivo sangue gengiva
viva, sensitive menarca
fio dental sabor menta-verde
fio dental sabor tutti-frutti
queixada
grosso canal e amígdalas
boquinha genital onde boto cepacol parodontax pasta em pó de cravo
tua canela na minha língua
a boca chora a baba escorre puxo
vitamina-c efervescente estridente fosforesce

escova de carvão ativado - invenção do hábito
marlboro é amarelo dourado, diziam
leve *light* tostado.

mas me fale
com teus dentes brancos e mordida felina
: caninos pra quem?

molares duros incisivos fracos
        dividem
como arcadas de um peixe abissal que ficam pra fora
pasta de dente canina, na esquina vende -
e o que não?

teus dentes mansos
a mandíbula aberta
escorre sal, meu bem
seca a boca a terra amém.

Todo arsenal

Um arsenal de pernas
tesas como ponte que mergulham equilíbrio
abrem bocas fecham lábios destroçam
envenenam baço
no passo das pernas ocas zambetas
cangaias convexas

positivo o pé que arqueia passo
negativo o chão que aguenta o traço
que risca a língua pra fora
espaço da tesoura

a boca anseia a tua, teu confete
serpentina voa
tua saia colorida teu nanquim nos olhos
a boca marrom, claro
escuro embaraço o álcool sai
                                     no bafo

e sinto língua e visco cisco
que cai no olho arranhando o contato
que faço
entre meus olhos e teus dentes
bonitos, por acaso.

Corredor

para criseida

A onça ronrona
enquanto a gata
              aqui em casa
grita.

Em sua busca
cruza quartos
prazer ofuscado
derruba caixas
e sublima
o cheiro de salmão.

Grita
enquanto gata
e se arrasta
         em silêncio
por baixo do sofá.

Rasteja e rebaixa
em busca de algo
          por dentro
mas se refaz por fora
              do sofá
como se nada.

Mas grita
enquanto passo
          sempre por fora
e fiscaliza passos
no corredor.

Regalo

Sons do passado:
     regalo.
Cacarejo rancor
        como milhos.

Caseos

As amígdalas sussurram e caem em si
parem nós das cordas vocais
nós sofremos, nós sofrem - diriam elas
enquanto vertem suspiros que pingam
enquanto urro e aproximo os dedos na garganta
são cavernas na boca
    grutas palatáveis
    tocas que travam
enfim, pelos poros, povoo uma boca fenda fiorde sentença
água passa e vem
são canos que jorram
canais que transportam
foz que transborda voz enquanto tusso
barulho e mergulho no cós
do teu esôfago.

Papilas

                Ressoo sonar
que apaixona como
morcego guia voo.

Guio pelo grito
                que engulo
viro
enquanto
        corro.

Fecho janelas
            nada escuto
sons de dentro
orelha fora.

Língua apêndice papilas
                choram saliva
pingam por mim.

Saliva

Maré
engole
sopro:
cospe
em ré.
      degluto
      tempo

Mar rodo
raspa pedra
vira pó.

Meias-luas

Cabelo cobre a orelha
incomoda os ouvidos tampados
coçam enquanto tiro com dedos -
paisagem e som que entrariam.

Frestas de cera emboloam
                    [ainda nos dedos
enquanto arranco cabelos
que surgem entreunhas
e faz lembrar e cortar
arestas.

Ou meias-luas
em psoríase -
secas, tangentes
que arranco
em pedaços
aos caninos.

E mouco
o jorro desanda
das minhas mãos
                [e novamente os dedos
pontas e meios
colando na língua
o gosto de cabelo preso.

Mop:Bop

Grito pelas narinas
      assombro felinas
           sujo o taco
                com as duas plantas
enquanto danço.

Refeição

Cortar unhas no terraço
não espalha meus pedaços pela casa.

Carrego o urro, ruo e roo
pedaço a pedaço
na sala de estar.

Som leporino

Sopa ri
pelas narinas
sai macarrão
feijão colorau
fanha
arranha palato
aberto:
sabor e cheiro
em cheio na mesa
na cozinha: cadeira
que senta.

Colher encaixa
no céu fundo
ri respira
entredentes mastiga
molar que nasce.

Por pouco lábio
perde-se a língua
lambe-se adenoides
esponjas septo
que em mim entalam
e se mantém.

Antifonário

Grito um piano
              inteiro enquanto
olho-a tocar
e me tocam
pra fora.

Meu órgão pelas
paredes -
cantochão
enquanto sibilo
              saída.

Métis

Meus braços
te tocam em fuga
desvio e viro vaso
encaixo ventosas
em outro cabedal
circunferente o acaso:
                    no berro, um lastro
                    de tinta engulo.

'letric eye

- amigo
bowie disse da boca quando falava de crocodilos
falou do ângulo obtuso da mandíbula aberta
dos sons em eco, dos pássaros vivos
dentro dessa boca
pássaros que comem peixes
                    imagine
pedaços de peixe
                corrijo
boca falada, comida nos dentes
me cansa as calças esse debate
os entes queridos o jardim dos pássaros a boca adestrada dentes afiados
e pássaros
que voam ao fechado da boca aberta
uma boca aberta nunca deixa de ser
lugar fechado
uma perigosa deixa
              um feixe que fecha
basta de tanto tanto
o crocodilo anda pelas beiras
mergulha e nada com patas
jugular dura escama antiga.

Catarata

Bebo lágrimas alheias
    salgada língua sinto.

Quando escorro e babo:
    um guardanapo andaluz.

Lácio

A mordedura fala
por cada dente
amolece língua
bochecha e céu
da boca tocam
um arco teso:
coliseu que ecoa
rugidos cruéis.

Repique

Breque de língua
pele e carne
encompridada
dá tom ao músculo vênio
vem e desliza
pele e carne de outras
partes
vem e desliza
vernáculo pureza
dia a dia da boca
ao megafone.

Cetosséia

A cera pras sereias
uso na boca
tampo o canto
e o meio, prendo
a voz articulada
grunho o canto

apenas das baleias.

Fellini

Morda meu bigode
com seus caninos
enquanto beijo
sussurro
a felina preguiça

Claquete e claque
que se foda a foto
             [grafia
preto e branco
assepsia em fúcsia
te grito nua e cor
sabor na teimosia.

Ilhargas que remo
botão aberto
fêcho eclair.

Açoite

Bafo de boca
atinge versículo
a língua estendida
clamando açoites
e pra língua soam
beijos de guaiamum quente
beiços chupam patola
leite de coco na boca
pêlos:dentes que sugam
vácuo cadeira de plástico martelo
tábua: desejo e desmonte
no bigode que cheira mangue
lama corrente nas veias
cabeça aberta/farinha
colher que mistura e dissolve
língua que fora quente.

Mordedura

Escuro da boca
incenso e mandíbula
incisivo proeminente
morde boca e lábios.

Latitude

Grito bate
    no céu da boca
manejo os dentes:
    recente astrolábio.

Grito gastro

Enquanto desviro as tripas
meus tecidos moles meus condutos orgânicos minhas passagens movediças
tudo que arde tudo que deixo arder tubo que reviro
grito o grito que não se remedia
como a maioria dos gritos

mas trato a passagem o começo e o fim
tiro da memória as castanhas como
                           se tira do caju as próprias
                                          [castanhas
                                                [e do pé o caju

ao puxe da mão torção na carne
bebo o sumo que cai nas mãos e queima o tecido
                                [das calças que recebem o jorro
e desfaço o acre o salobro suco da mucosa escondida
torço como quem torce roupas e bate na pedra a lavagem
pedra pomes poro da pele

raspo os pés com o ácido da boca
meus contornos vinagrosos desmancham pele
adstringente a boca
         o caju
         a castanha
         a folha dentro do vidro da garrafa de cachaça junto com o talo e o sumo
que cai no copo anatômico de minhas bochechas céu da boca língua dentes
                                                   [e só.

Maré

Escrevo bêbado
        sinto
o canal/agamenon na
boca ratos e baratas
teu corpo longe
/intacta cheia.

Medo

Libido na boca
orca morta nos
bancos d'areia
espumas de
listerine.

Santa clara

Grito:ondas
sim
do mar
      da tevê
um vai
      -e
          -vem o
outro só vem
          mas,
assim
espumam:
        raiva
torpor
      água.

Barítono dramático

até o
jorro, barítono,
me bata as costas.

Ídiche

Não saber gritar e sofrer
uma uzi inteira descarregar
um urro trôpego como
meus pés pelo meio-fio.

Cambalacho e descanso pelo verbo
que fita as linhas amarelas ou
brancas indicando parar ou andar
no paralelismo da cidade.

A turba grita por dentro
e aceno um dois três passos:
um pente cai em paralaxe.

Adeus

Sacrifico a língua
      mantenho a linguagem
da pele que fere e
      destoa o toque:
a agressão que verve:
      cotidiano.

Lamento luso

Beire as esquinas em curva
os ângulos em 90° no qual reside
uma árvore, uma fração de
alqueire, a loja de cereais
d'um esquilo impaciente.

Enquanto pises, cheire
a esquina e sua fauna
casas em flora da infância
inteire a memória que traduz
o canto em cerebelo: equilíbrio.

Eire se encontra longe
Beckett nos afunda
com guarda-chuva por onde
caem nozes de um roedor
que come e arrulha
um *laissez faire*.

Plano-sequência

Boca e blefe sai
do meio das pernas,
eu grito logo atrás:
albatroz de asas curtas
voo derradeiro e silêncio
compenetrado, jaz.

Me sinto na lata de sardinha animada
dentro do desenho, me vejo
chorando com os ratos
pelo medo de voar e
assim plano-
            sequência é só engano,
mas te pego nos flancos
do metrô de Caetano
lhanas memórias da
porta que abre da
porta que fecha da
linha vermelha.

A exata cor da tua deixa
alheia que me chama
quando abre e fecha
e vejo panturrilhas
de quem escala muros
pintados em anilina.

Bonecos

o beco em urros
são os bonecos de Paula Rego
que descansam gritando
e choram partindo os
beiços e criando ecos
com os dedos
no atelier.

Revolução industrial

Povoar uma montanha nas bochechas
                              [por dentro
arar a língua em três linhas
semear dentes quebrados
irrigar com saliva quente
soluço e tempestade
            destroçar
o vale os gânglios os canais e raízes
cuspindo cimento e parafusos
rosqueio *aesthetics* e vejo.

Nódoa

Na sala
          raspo a barba
                com as unhas
          aproximo
dedo da boca
          sangro lábio,
          coço beiço,
          rasgo
a manga
      da camisa,
      da fruteira
         chupo
              com beiços
              abertos
              fiapos&dentes
vácuo na boca
          puxo
          engulo sumo
              de mim
              momento
              instante
              e desce
na unha
na barba
nos dedos
nos dentes
          como na árvore.

Insisto

E na boca o cômodo
            da língua
vinga
linguagem e
            açude sangra
todas vontades
gengiva mel de açores
açoites de manga caindo
cipó felino
que bate
    no taco
ainda maciço
        mas solto
mar avança
irrevolto como trança
bem trançada no couro
da cabeça ilhada
topografia e dorso
            torcida aplauso
coito.

Devoção

A louça dos teus dentes cai sobre o prato
                              o garfo te atinge a língua
a tua língua estrábica
lambe tanto quanto olha
lambe
     facas de serra de pão de peixe

pequenas manteigueiras feito cinzeiros pra um
preenchidas por leite batido e cremoso que lambes ao fim
nem toda hora é hora do desperdício
                              desafias Bataille olhando o sofá vazio
provocando a mim que desperdiço e não lambo
mas trinco os dentes
                 [toda noite ao teu lado

a ponte d'um rio sob a cama
ligando o mesmo bioma plantas animais
como as correntes de um escapulário ligando costas e peito que nunca se
                                                            [encontrarão
meu peito conhece tuas pás e não as minhas
sempre no inesperado abraço que foge ao olho.

Sutura

Borda com agulha na borda da boca
no canto que mergulha saliva quente
passa no meio do linho a linha azul

te furo a língua, meu bem.

É verdade o que estamos falando
da pipa de papel que apavora na língua
que voa na saliva
e nos arranca os dentes

ainda mais do que mantém
os dentes,
na gengiva, vorazes
e prontos

do mel que escorre
ao bulbo e grita dor
constante frio

É verdade

o sino da garganta
que incha
balão vapor contrário
caindo em gota

Verdade

ainda mais o choro
espuma na laringe
enquanto pranto
verdade

Estamos falando
veja

pranto e choro não
são
o mesmo,
mesmo

E choro
pantim e engano:
olhe, é verdade o que estamos falando.

A imagem da capa e da contracapa são detalhes da obra *ALALAZO*, do artista plástico **Marcvs**. *ALALAZO* foi composta em acrílico e bastão óleo sobre tela no mês de outubro do ano de 2022 por encomenda do autor deste livro. O tamanho da obra é de 100cm x 100cm.

Cara Leitora, caro leitor

A **ABOIO** é um grupo editorial colaborativo.

Começamos em 2020 publicando literatura de forma digital, gratuita e acessível.

Até o momento, já passaram pelo nossos pastos mais de 300 autoras e autores, dos mais variados estilos e nacionalidades.

Para a gente, o canto é conjunto. É o aboiar que nos une e que serve de urdidura para todo nosso projeto editorial.

Valorizamos cada doação e cada apoio.

São as leitoras e os leitores engajados em ler narrativas ousadas que nos mantêm em atividade.

Nossa comunidade não só faz surgir livros como o que você acabou de ler, como também possibilita nos empenharmos em divulgar histórias únicas.

Portanto, te convidamos a fazer parte desse balaio!

Todas apoiadoras e apoiadores das pré-vendas da **ABOIO**:

—— Recebem uma primeira edição especial e limitada do livro;
—— Têm o nome impresso nos agradecimentos de todas as cópias do livro;
—— São convidadas a participarem do planejamento e da escolha das próximas publicações.

Entre em contato com a gente pelo nosso site www.aboio.com.br ou pelas redes sociais para ser um membro ativo da comunidade **ABOIO** ou apenas para acompanhar nosso trabalho de perto!

E nunca esqueça: **o canto é conjunto.**

Apoiadoras/es

Pedro Torreão gostaria de agradecer a Marcus, Leopoldo, Arthur Lungov, Guilherme Gontijo Flores, Luiza Assis, Natalia Nunes, Maria Eduarda Lima Ferraz, Eduardo Nasi, Jhonny Torres, Isa Ferreira, Natália Zuccala e Criseida por acompanharem a jornada de **Alalázô**.

Na **Aboio**, acreditamos que o canto é conjunto. Por isso, não fossem as 102 pessoas que apoiaram nos apoiaram pela plataforma Catarse, seja comprando **Alalázô** na pré-venda, seja assinando o nosso **Clube Aboio**, entre os meses de dezembro de 2022 e janeiro de 2023 esse livro não teria sido o mesmo. A elas, estendemos os nossos agradecimentos:

Adriane Figueira
Afonso Medeiros Neto
Alexandre Gil França
Aline Rocha
Ana Lúcia Falcão
Anna Carolina Rizzon
Arthur Lungov Bugelli
Beatriz Fonseca Cruz
Caco Ishak
Caio Narezzi
Calebe Guerra
Camilo Gomide
Carolina Nogueira
Cecília Garcia
Cleber Luz
Cristina Machado
Daniel Leite

Daniel Torres Guinezi
Danilo Brandao
Denise Lucena Cavalcante
Desire Araujo
Diogo Gonçalves Veras de Morais
Eduardo Selbach Nasi
Elisa Medeiros Danielli
Etevaldo Neto
Febraro de Oliveira
Fernando Estelita
Flávia Gonzalez de Souza Braz
Flora Miguel
Frederico Vieira
Gabriel Cruz Lima
Gabriela Machado Scafuri
Gael Rodrigues
Giovanna Reis

Giulia Morais de Oliveira
Goreti Couto Brasil
Guilherme Dearo
Guilherme Gontijo Flores
Heitor Ferraz Mello
Henrique Emanuel de Oliveira
Inaê Rosas
Isabela Ferreira
Isabela Moreira
Jhonny Torres
João Luis Nogueira Matias Filho
Juliane Carolina Livramento
Júlia Rocha da Cunha
Julia Tozi
Juliana Giannini
Juliana Viegas
Jung Lee
Laura Redfern Navarro

Leonardo Nóbrega
Lígia Viana de Arruda
Lorenzo Cavalcante
Lucas Ammar
Lucas Meirelles Rangel Rodrigues
Lucas Sposito Gini
Lucas Verzola
Luciana Torreão De Sá
Luciano Cavalcante Filho
Luísa Maria Machado Porto
Luiza Assis
Maicco Ferreira
Manoela Machado Scafuri
Marcela Gomes de Mélo Lima Reis
Marcela Monteiro
Marcela Roldão
Marcelo Ariel
Marco Bardelli

Marco Rapeli
Marcos Vinícius Almeida
Marcvs
Maria Eduarda Ferraz
Mariana Lage de Oliveira Andrade
Mariana Lucchesi Carneiro
       Leão Silva
Marina Lourenço
Maurício Bulcão Fernandes Filho
Mauro Paz
Natalia Joelsas Timerman
Natalia Nunes
Natália Zuccala
Nay Oliveira
Ornella S. Zuccala
Otavio Juliano Dantas
       Germano Gomes
Paulo Scott

Pedro Henrique Ferreira Kastelic
Pedro Jansen
Pedro Wichtendal Villar
Rafaela Pimenta
Rhauan Monteiro
Saulo Jacobovitz
Seisa Santana Zuccala
Sophie Munck
Tainá Pinto
Tatiana Oliveira de Burgos
Thássio Gonçalves Ferreira
Victor Prado
Vinícius Oliveira Catão
Weslley Silva Ferreira
Yuri Bruscky
Yvonne Miller

Copyright © Aboio Editora, 2022
Alalázô © Pedro Torreão, 2022

Todos os direitos desta edição
reservados à Aboio.

Grafia atualizada segundo o Acordo Ortográfico da Língua Portuguesa de 1990, que entrou em vigor no Brasil em 2009.

Dados Internacionais de Catalogação na Publicação (CIP)
Aline Graziele Benitez – Bibliotecária – CRB-1/3129

> Torreão, Pedro
>   Alalázô / Pedro Torreão. -- 1. ed. -- São Paulo : Aboio, 2022.
>
>   ISBN 978-65-998350-3-2
>
> 1. Poesia brasileira I. Título.
>
> 22-135431   CDD-B869.1

Índices para catálogo sistemático:
1. Poesia : Literatura brasileira B869.1

[2022]

Todos os direitos desta edição reservados à:

ABOIO

São Paulo — SP
(11) 91580-3133
www.aboio.com.br
instagram.com/aboioeditora/
facebook.com/aboioeditora/

Esta obra foi composta em Adobe Text Pro.
O miolo está no papel Polén Natural 80g/m².
A tiragem desta edição foi de 200 exemplares impressos pela Edições Loyola.

[Primeira edição, fevereiro de 2023]